LA PROSPECTION COMMERCIALE EFFICACE

Sabrina DU PERRAY

Copyright © 2024 Sabrina DU PERRAY

All rights reserved

The characters and events portrayed in this book are fictitious. Any similarity to real persons, living or dead, is coincidental and not intended by the author.

No part of this book may be reproduced, or stored in a retrieval system, or transmitted in any form or by any means, electronic, mechanical, photocopying, recording, or otherwise, without express written permission of the publisher.

CONTENTS

Title Page
Copyright
La Prospection Commerciale Efficace | 1
Table des Matières | 2
Introduction | 6
Partie 1 : Introduction à la Prospection Commerciale | 9
Chapitre 1 : Les Fondamentaux de la Prospection Commerciale | 11
Partie 2 : Techniques et Stratégies de Prospection | 15
Chapitre 2 : Techniques Modernes de Prospection | 18
Chapitre 3 : Stratégies de Cold Calling | 23
Chapitre 4 : Génération et Gestion de Leads | 28
Chapitre 5 : Création et Gestion de Pipelines de Vente | 32
Partie 3 : Techniques et Stratégies Avancées de Prospection | 36
Chapitre 6 : La Prospection Prédictive | 38
Chapitre 7 : La Stratégie Omnicanal | 42
Chapitre 8 : La Personnalisation à l'Échelle | 46
Partie 4 : Suivi et Fidélisation des Clients | 50
Chapitre 9 : Gestion de la Relation Client (CRM) | 52
Chapitre 10 : Techniques de Suivi des Clients | 56
Chapitre 11 : Stratégies de Fidélisation des Clients | 60
Chapitre 12 : Gestion des Retours et des Réclamations des Clients | 63

Partie 5 : Stratégies de Marketing Digital	66
Chapitre 13 : Stratégies de Médias Sociaux	68
Chapitre 14 : Optimisation des Moteurs de Recherche (SEO)	71
Partie 6 : Marketing par E-mail	74
Chapitre 15 : Construction de Listes de Diffusion	76
Chapitre 16 : Conception de Campagnes de Marketing par E-mail Efficaces	79
Bonus :Techniques de Prospection Avancées	82
Exemple Pratique d'une Campagne de Prospection Commerciale : TechSolutions	86
Exemple Pratique d'une Campagne de Prospection Commerciale : EcoNet	91
Dernier conseil :	95
Conclusion Générale	99
Remerciements	101
Books By This Author	103

LA PROSPECTION COMMERCIALE EFFICACE

Sabrina DU PERRAY

TABLE DES MATIÈRES

Partie 1 : Introduction à la Prospection Commerciale

- **Chapitre 1 : Les Fondamentaux de la Prospection Commerciale**
    - Définition et importance de la prospection commerciale
    - Objectifs et résultats attendus

Partie 2 : Techniques et Stratégies de Prospection

- **Chapitre 2 : Techniques Modernes de Prospection**
    - Vente sociale
    - Marketing digital
    - Utilisation de la technologie
- **Chapitre 3 : Stratégies de Cold Calling**
    - Meilleures pratiques
    - Scripts et exemples
    - Surmonter les objections
- **Chapitre 4 : Génération et Gestion de Leads**
    - Identification des prospects
    - Qualification des leads
    - Gestion des leads dans le tunnel de vente
- **Chapitre 5 : Création et Gestion de Pipelines de Vente**
    - Construction d'un pipeline
    - Maintien et optimisation
    - Outils et techniques

Partie 3 : Méthodes de Communication en Prospection

- **Chapitre 6 : Prospection par Email et Prise de Contact**
  - Rédaction d'emails efficaces
  - Suivi et engagement
- **Chapitre 7 : Prospection sur les Réseaux Sociaux**
  - Utilisation de LinkedIn, Twitter, Facebook
  - Stratégies spécifiques à chaque plateforme
- **Chapitre 8 : Réseautage pour Trouver des Prospects**
  - Techniques de réseautage
  - Participation à des événements
  - Utilisation des réseaux professionnels

Partie 4 : Aspects Psychologiques et Pratiques de la Prospection

- **Chapitre 9 : Psychologie de la Prospection**
  - Comprendre la psychologie des acheteurs
  - Construire des relations
  - Développer un état d'esprit de prospection
- **Chapitre 10 : Métriques et Analyses en Prospection**
  - Suivi des efforts de prospection
  - Mesure du succès
  - Optimisation des stratégies
- **Chapitre 11 : Gestion du Temps pour les Prospecteurs**
  - Techniques de gestion du temps
  - Maximisation de la productivité
- **Chapitre 12 : Surmonter le Rejet dans la Vente**

- Stratégies pour gérer le rejet
- Maintien de la motivation et de la résilience

Partie 5 : Prospection Spécialisée et Éthique

- **Chapitre 13 : Prospection dans des Marchés de Niche**
    - Techniques adaptées aux marchés spécifiques
    - Études de cas
- **Chapitre 14 : Prospection Éthique**
    - Normes et pratiques éthiques
    - Importance de l'éthique en prospection

Partie 6 : Relations à Long Terme et Conclusion

- **Chapitre 15 : Construction de Relations à Long Terme**
    - Techniques de nurturing
    - Maintien des relations avec les prospects
- **Chapitre 16 : Conclusion et Perspectives Futures**
    - Récapitulatif des points clés
    - Tendances futures en prospection commerciale

LA PROSPECTION COMMERCIALE EFFICACE

INTRODUCTION

Bienvenue dans ce guide complet sur la prospection commerciale. Dans un monde où les marchés sont de plus en plus compétitifs et où les consommateurs sont inondés d'informations, la prospection commerciale est devenue un art essentiel pour toute entreprise souhaitant croître et réussir. Ce livre est conçu pour vous fournir les outils, les techniques et les stratégies nécessaires pour exceller dans cet art.

Qu'est-ce que la Prospection Commerciale ?

La prospection commerciale consiste à identifier, contacter et cultiver des prospects potentiels afin de les convertir en clients. C'est une étape cruciale dans le processus de vente, car elle permet de générer de nouvelles opportunités commerciales et de maintenir un flux constant de clients potentiels dans le pipeline de vente.

Pourquoi ce Livre ?

Que vous soyez un professionnel de la vente expérimenté cherchant à affiner vos compétences ou un débutant souhaitant apprendre les bases, ce livre est conçu pour vous. Nous aborderons une gamme complète de sujets, depuis les fondamentaux de la prospection jusqu'aux techniques avancées et aux meilleures pratiques contemporaines.

Structure du Livre

Ce livre est divisé en plusieurs parties, chacune dédiée à un aspect clé de la prospection commerciale. Vous découvrirez :

1. **Les Fondamentaux de la Prospection** : Une introduction aux concepts de base et aux objectifs de la prospection commerciale.
2. **Techniques et Stratégies** : Des méthodes modernes, des stratégies de cold calling, et des techniques de génération et de gestion de leads.
3. **Communication en Prospection** : L'art de la prospection par email, sur les réseaux sociaux et via le réseautage.
4. **Aspects Psychologiques et Pratiques** : Comprendre la psychologie des acheteurs, utiliser des métriques et des analyses, gérer votre temps et surmonter le rejet.
5. **Prospection Spécialisée et Éthique** : Adaptation des techniques pour des marchés de niche et maintien de pratiques éthiques.
6. **Relations à Long Terme** : Techniques pour construire et maintenir des relations durables avec les prospects.

Objectifs du Livre

L'objectif principal de ce livre est de vous armer de connaissances pratiques et applicables que vous pouvez immédiatement mettre en œuvre dans votre activité quotidienne. Chaque chapitre est conçu pour être à la fois informatif et pratique, avec des exemples concrets et des conseils utiles pour maximiser vos efforts de prospection.

Conclusion

La prospection commerciale est bien plus qu'une simple étape du processus de vente : c'est une compétence clé qui peut déterminer le succès ou l'échec d'une entreprise. En maîtrisant les techniques et stratégies présentées dans ce livre, vous serez mieux préparé pour naviguer dans le paysage complexe de la vente et pour transformer vos efforts de prospection en résultats concrets et mesurables.

Nous espérons que ce guide vous apportera des insights précieux et vous aidera à atteindre vos objectifs commerciaux. Bonne lecture et bonne prospection !

PARTIE 1 : INTRODUCTION À LA PROSPECTION COMMERCIALE

La prospection commerciale est le pilier fondamental de toute stratégie de vente efficace. Elle représente la première étape cruciale qui conduit à l'acquisition de nouveaux clients et à la croissance durable de l'entreprise. Dans cette première partie, nous allons plonger dans les bases de la prospection commerciale, en examinant les concepts essentiels et les principes qui sous-tendent cette pratique indispensable.

Pourquoi la Prospection Commerciale est-elle Essentielle ?

Dans un environnement commercial dynamique et compétitif, il est vital de maintenir un flux constant de nouveaux prospects pour assurer la stabilité et la croissance de votre entreprise. La prospection permet non seulement de générer des opportunités de vente, mais aussi de renforcer votre présence sur le marché et de créer des relations durables avec vos clients potentiels.

Objectifs de cette Partie

Cette section a pour objectif de vous donner une compréhension claire et approfondie des fondamentaux de la prospection commerciale. Nous aborderons les éléments suivants :

- **Définition et Importance** : Comprendre ce qu'est la prospection commerciale et pourquoi elle est essentielle pour toute entreprise.
- **Objectifs et Résultats Attendus** : Identifier les objectifs

principaux de la prospection et les résultats que vous pouvez espérer atteindre.
- **Premiers Pas dans la Prospection** : Les étapes initiales pour commencer à prospecter efficacement, y compris la préparation et la recherche.

Contenu des Chapitres

1. **Chapitre 1 : Les Fondamentaux de la Prospection Commerciale**
    - Définition de la prospection commerciale
    - Rôle et importance dans le processus de vente
    - Compétences et qualités nécessaires pour un bon prospecteur

En Résumé

Dans cette première partie, nous allons établir les bases solides sur lesquelles vous pourrez construire vos compétences en prospection. Que vous soyez novice en la matière ou que vous cherchiez à rafraîchir vos connaissances, cette section vous fournira les outils et les perspectives nécessaires pour aborder la prospection commerciale avec confiance et efficacité.

Nous vous invitons à plonger dans ce voyage passionnant et à découvrir comment transformer la prospection commerciale en une activité enrichissante et productive pour votre entreprise.

CHAPITRE 1 : LES FONDAMENTAUX DE LA PROSPECTION COMMERCIALE

Introduction

La prospection commerciale est une compétence essentielle pour tout professionnel de la vente. Elle consiste à identifier, qualifier et contacter des clients potentiels pour générer des opportunités de vente. Ce chapitre explore les bases de la prospection commerciale, en mettant l'accent sur sa définition, son importance, et les compétences nécessaires pour réussir.

1.1 Qu'est-ce que la Prospection Commerciale ?

Définition

La prospection commerciale est le processus par lequel une entreprise recherche activement des clients potentiels (ou prospects) pour vendre ses produits ou services. Ce processus implique plusieurs étapes, allant de l'identification des prospects à la prise de contact initiale, en passant par la qualification des leads et le suivi.

Importance De La Prospection Commerciale

La prospection est la première étape du cycle de vente. Sans une prospection efficace, les entreprises peuvent rapidement voir leur pipeline de vente se tarir, ce qui peut entraîner une baisse des revenus et une stagnation de la croissance. Voici quelques raisons pour lesquelles la prospection est cruciale :

- **Génération de Leads** : Elle permet de remplir le pipeline de vente avec de nouveaux prospects.
- **Expansion du Marché** : Elle aide à pénétrer de nouveaux marchés et segments de clients.
- **Création de Relations** : Elle établit les bases de relations à long terme avec les clients.
- **Augmentation des Ventes** : Une prospection efficace conduit à une augmentation des opportunités de vente et, par conséquent, des revenus.

1.2 Objectifs et Résultats Attendus

Objectifs De La Prospection

Les objectifs de la prospection commerciale peuvent varier en fonction de l'entreprise et de ses besoins spécifiques, mais les principaux objectifs incluent :

- **Identification de nouveaux clients potentiels** : Trouver des prospects qui correspondent au profil de client idéal.
- **Qualification des prospects** : Évaluer si les prospects ont le potentiel de devenir des clients payants.
- **Prise de contact initiale** : Établir un premier contact pour introduire l'entreprise et ses offres.
- **Alimentation du pipeline de vente** : Maintenir un flux constant de prospects pour assurer une activité commerciale continue.

Résultats Attendus

Les résultats attendus d'une prospection efficace incluent :

- **Augmentation du nombre de leads qualifiés** : Générer des prospects qui ont un réel potentiel de conversion.
- **Réduction du cycle de vente** : Accélérer le processus de vente en ayant des prospects bien qualifiés dès le départ.
- **Amélioration des taux de conversion** : Augmenter le pourcentage de prospects qui se transforment en clients.
- **Croissance des revenus** : Augmenter les ventes et les revenus grâce à un pipeline de vente bien alimenté.

1.3 Compétences et Qualités Nécessaires pour un Bon Prospecteur

Compétences Techniques

- **Recherche et Analyse** : Savoir utiliser les outils de recherche pour identifier et qualifier les prospects.
- **Communication** : Maîtriser les techniques de communication verbale et écrite pour contacter et engager les prospects.
- **Utilisation des CRM** : Être à l'aise avec les logiciels de gestion de la relation client (CRM) pour suivre et gérer les leads.

Qualités Personnelles

- **Persévérance** : La prospection peut être difficile et souvent remplie de rejets. La persévérance est essentielle pour continuer à avancer.
- **Empathie** : Comprendre les besoins et les préoccupations des prospects pour mieux les engager.

- **Organisation** : Gérer efficacement le temps et les tâches pour maximiser la productivité.
- **Adaptabilité** : Savoir s'adapter aux différentes situations et profils de prospects.

Conclusion

La prospection commerciale est une compétence essentielle qui nécessite une combinaison de techniques, de compétences et de qualités personnelles. En maîtrisant les fondamentaux de la prospection, vous serez mieux préparé à identifier, qualifier et convertir des prospects en clients, assurant ainsi la croissance et le succès de votre entreprise.

Dans les chapitres suivants, nous approfondirons les différentes techniques et stratégies de prospection, en commençant par les méthodes modernes et les outils technologiques qui peuvent vous aider à optimiser vos efforts de prospection.

PARTIE 2 : TECHNIQUES ET STRATÉGIES DE PROSPECTION

Introduction

Dans la prospection commerciale, le choix des techniques et des stratégies utilisées peut faire toute la différence entre le succès et l'échec. Les méthodes traditionnelles ont évolué et s'enrichissent désormais des outils et des approches modernes, permettant aux professionnels de la vente d'atteindre et d'engager les prospects de manière plus efficace et plus ciblée.

Pourquoi les Techniques et Stratégies sont-elles Cruciales ?

Une prospection efficace repose sur la mise en œuvre de techniques et de stratégies bien pensées et adaptées au marché cible. Voici pourquoi elles sont essentielles :

- **Efficacité accrue** : Les bonnes techniques permettent de maximiser le rendement de chaque effort de prospection.
- **Meilleure gestion du temps** : Des stratégies bien définies permettent de concentrer les efforts sur les prospects les plus prometteurs.
- **Personnalisation de l'approche** : Adapter les stratégies en fonction des besoins et des préférences des prospects améliore les taux de conversion.
- **Adaptabilité** : Les techniques modernes permettent d'ajuster rapidement les approches en fonction des retours et des analyses de données.

Contenu de cette Partie

Cette partie explore une variété de techniques et de stratégies qui peuvent être utilisées pour optimiser la prospection commerciale. Nous aborderons notamment :

- **Les Techniques Modernes de Prospection** : Utilisation de la vente sociale, du marketing digital et de la technologie pour identifier et engager des prospects.
- **Les Stratégies de Cold Calling** : Approches efficaces pour les appels à froid, incluant des scripts et des conseils pour surmonter les objections.
- **La Génération et la Gestion de Leads** : Méthodes pour identifier, qualifier et gérer les leads de manière efficace.
- **La Création et la Gestion de Pipelines de Vente** : Stratégies pour construire, maintenir et optimiser les pipelines de vente afin d'assurer un flux constant de prospects.

Objectifs de cette Partie

L'objectif principal de cette partie est de vous équiper avec un éventail de techniques et de stratégies que vous pouvez appliquer directement dans votre activité de prospection. En comprenant et en maîtrisant ces approches, vous serez en mesure d'augmenter votre efficacité, d'améliorer vos taux de conversion et de maximiser vos opportunités de vente.

En Résumé

La prospection commerciale est un domaine en constante évolution, nécessitant l'adoption de nouvelles techniques et stratégies pour rester compétitif. Dans cette partie, vous découvrirez des méthodes éprouvées et innovantes qui vous aideront à affiner votre approche et à atteindre vos objectifs commerciaux avec succès. Préparez-vous à explorer ces outils et techniques qui transformeront votre manière de prospecter.

CHAPITRE 2 : TECHNIQUES MODERNES DE PROSPECTION

Introduction

Avec l'évolution rapide des technologies et des comportements des consommateurs, les techniques de prospection commerciale doivent s'adapter pour rester efficaces. Ce chapitre explore les techniques modernes de prospection qui tirent parti des outils numériques, des réseaux sociaux et des technologies avancées pour atteindre et engager les prospects de manière plus ciblée et efficiente.

2.1 La Vente Sociale

Qu'est-Ce Que La Vente Sociale ?

La vente sociale consiste à utiliser les réseaux sociaux pour identifier, contacter et entretenir des relations avec des prospects. Cette technique permet d'établir une présence active sur des plate-formes comme LinkedIn, Twitter, et Facebook, où les professionnels peuvent interagir directement avec des clients potentiels.

Avantages De La Vente Sociale

- **Portée élargie** : Les réseaux sociaux permettent de toucher un public global.
- **Personnalisation** : Les interactions sur les réseaux sociaux peuvent être hautement personnalisées en fonction des informations disponibles sur les profils des prospects.

- **Engagement accru** : Les échanges sur les réseaux sociaux peuvent être plus informels et interactifs, ce qui facilite l'engagement des prospects.

Meilleures Pratiques

- **Optimiser son Profil** : Assurez-vous que votre profil social professionnel soit complet, à jour et qu'il reflète bien votre expertise et vos offres.
- **Partage de Contenu Pertinent** : Publiez régulièrement du contenu intéressant et pertinent pour attirer et engager votre audience.
- **Interaction Proactive** : Commentez, partagez et répondez aux publications de vos prospects pour établir des connexions authentiques.
- **Utilisation des Outils de Recherche** : Utilisez des outils comme LinkedIn Sales Navigator pour identifier et cibler des prospects spécifiques.

2.2 Le Marketing Digital

Qu'est-Ce Que Le Marketing Digital ?

Le marketing digital englobe toutes les activités de marketing qui utilisent des canaux numériques pour promouvoir des produits ou des services. Cela inclut les campagnes d'emailing, le marketing de contenu, le référencement (SEO), la publicité payante (PPC), et bien plus encore.

Avantages Du Marketing Digital

- **Mesurabilité** : Les campagnes de marketing digital sont

facilement mesurables et ajustables en temps réel grâce à des outils d'analyse.
- **Ciblage Précis** : Les données recueillies permettent un ciblage très précis des audiences, augmentant ainsi les chances de conversion.
- **Automatisation** : De nombreux aspects du marketing digital peuvent être automatisés, augmentant ainsi l'efficacité des campagnes.

Meilleures Pratiques

- **Segmentation de l'Audience** : Divisez votre audience en segments spécifiques pour des campagnes plus ciblées et personnalisées.
- **Création de Contenu de Qualité** : Publiez du contenu qui répond aux besoins et aux questions de vos prospects pour attirer leur attention et établir votre autorité.
- **Utilisation des Données** : Analysez les données de vos campagnes pour comprendre ce qui fonctionne et ajuster vos stratégies en conséquence.
- **Automatisation des Campagnes** : Utilisez des outils d'automatisation pour gérer les emails, les publications sur les réseaux sociaux et les publicités payantes.

2.3 L'Utilisation de la Technologie

Crm Et Gestion De La Relation Client

Un système de gestion de la relation client (CRM) est essentiel pour suivre et gérer les interactions avec les prospects et les clients. Un CRM permet de centraliser toutes les informations pertinentes et de les utiliser pour améliorer la communication et la gestion des leads.

Outils D'automatisation

Les outils d'automatisation de la prospection permettent de rationaliser les tâches répétitives et de se concentrer sur des activités à plus forte valeur ajoutée. Par exemple :

- **Emailing Automatisé** : Envoyer des séries d'emails automatisés en fonction des actions des prospects.
- **Suivi des Interactions** : Utiliser des outils pour suivre les interactions des prospects avec vos emails, votre site web et vos contenus.

Analyses Et Données

L'utilisation des données et des analyses est cruciale pour mesurer l'efficacité de vos efforts de prospection. Les outils d'analyse vous permettent de :

- **Suivre les KPI** : Mesurer des indicateurs clés de performance tels que le taux d'ouverture des emails, le taux de clics et les conversions.
- **Optimiser les Campagnes** : Utiliser les données pour identifier les points forts et les faiblesses de vos campagnes et les ajuster en conséquence.

Meilleures Pratiques

- **Choisir le Bon CRM** : Sélectionnez un CRM qui correspond à vos besoins spécifiques et assurez-vous que toute votre équipe l'utilise efficacement.
- **Automatiser à Bon Escient** : Utilisez l'automatisation pour les tâches répétitives, mais assurez-vous de maintenir une touche personnelle dans vos communications.
- **Analyser et Ajuster** : Analysez régulièrement les données de vos campagnes et apportez des ajustements pour

améliorer les résultats.

Conclusion

Les techniques modernes de prospection offrent de nombreuses opportunités pour améliorer l'efficacité et les résultats de vos efforts de vente. En utilisant la vente sociale, le marketing digital et les technologies avancées, vous pouvez atteindre et engager des prospects de manière plus ciblée et efficiente. Dans le prochain chapitre, nous explorerons les stratégies spécifiques pour le cold calling, une méthode traditionnelle qui, lorsqu'elle est bien exécutée, reste extrêmement efficace.

CHAPITRE 3 : STRATÉGIES DE COLD CALLING

Introduction

Le cold calling, ou appel à froid, est une méthode traditionnelle de prospection qui consiste à contacter des prospects sans préavis préalable. Bien que cette technique puisse sembler intimidante et souvent frustrante, elle reste une stratégie puissante lorsqu'elle est utilisée de manière efficace. Ce chapitre explore les stratégies de cold calling, fournissant des conseils pratiques et des scripts pour améliorer vos chances de succès.

3.1 Comprendre le Cold Calling

Définition

Le cold calling est le processus de contacter des prospects potentiels par téléphone, sans qu'ils aient eu de contact préalable avec votre entreprise. L'objectif est d'établir un premier contact, d'introduire votre produit ou service, et d'engager une conversation qui pourrait mener à une opportunité de vente.

Importance Du Cold Calling

Malgré l'évolution des techniques de prospection, le cold calling reste pertinent pour plusieurs raisons :

- **Contact Direct** : Permet une interaction immédiate et personnelle avec le prospect.
- **Feedback Instantané** : Offre une opportunité d'obtenir des réactions et des informations en temps réel.

- **Opportunités Inattendues** : Peut révéler des besoins ou des opportunités que le prospect n'avait pas encore envisagés.

3.2 Préparation au Cold Calling

Recherche Et Qualification

Avant de passer des appels, il est crucial de bien préparer votre liste de prospects :

- **Identification des Cibles** : Utilisez des outils de recherche pour identifier des prospects qui correspondent à votre profil de client idéal.
- **Qualification des Leads** : Évaluez les prospects pour déterminer s'ils ont le potentiel d'être intéressés par votre offre.

Préparation Du Script

Un bon script de cold calling est essentiel pour guider la conversation et atteindre vos objectifs :

- **Introduction** : Soyez clair et concis, présentez-vous et expliquez brièvement la raison de votre appel.
- **Présentation de la Valeur** : Exposez rapidement les bénéfices de votre produit ou service, en mettant l'accent sur ce qui pourrait intéresser le prospect.
- **Questions Ouvertes** : Posez des questions pour engager le prospect et comprendre ses besoins spécifiques.
- **Réponses aux Objections** : Préparez des réponses aux objections courantes pour ne pas être pris au dépourvu.
- **Call to Action** : Terminez l'appel en proposant une action

concrète, comme fixer un rendez-vous ou envoyer des informations supplémentaires.

Équipement Et Environnement

Assurez-vous que vous êtes bien équipé et dans un environnement propice pour les appels :

- **Téléphone et Casque** : Utilisez un casque confortable pour des appels prolongés.
- **CRM** : Ayez accès à votre CRM pour enregistrer les informations et suivre les interactions.
- **Environnement Calme** : Travaillez dans un endroit sans distractions pour rester concentré.

3.3 Techniques de Cold Calling

L'art De L'ouverture

L'ouverture de l'appel est cruciale pour capter l'attention du prospect :

- **Soyez Professionnel** : Utilisez un ton professionnel et assurez-vous d'être clair et compréhensible.
- **Personnalisation** : Utilisez le nom du prospect et mentionnez des détails pertinents pour montrer que vous avez fait vos recherches.

Poser Les Bonnes Questions

Poser des questions ouvertes permet d'engager le prospect et de mieux comprendre ses besoins :

- **Questions sur les Défis** : "Quels sont les principaux défis que vous rencontrez dans [domaine spécifique] ?"
- **Questions sur les Objectifs** : "Quels sont vos objectifs prioritaires pour cette année ?"

- **Questions de Réflexion** : "Comment gérez-vous actuellement [problème spécifique] ?"

Gérer Les Objections

Les objections sont courantes dans le cold calling, mais elles ne doivent pas vous décourager :
- **Écoute Active** : Écoutez attentivement les objections du prospect sans les interrompre.
- **Empathie et Compréhension** : Montrez que vous comprenez les préoccupations du prospect.
- **Réponses Préparées** : Utilisez des réponses préparées pour répondre aux objections courantes de manière convaincante.

Suivi Et Persistance

La persistance est clé dans le cold calling :
- **Planification des Suivis** : Si le prospect n'est pas disponible ou demande plus de temps, planifiez un appel de suivi.
- **Suivi Proactif** : Envoyez des emails de suivi pour rappeler votre conversation et fournir des informations supplémentaires.
- **Gestion des Rejets** : Ne prenez pas les rejets personnellement et continuez à prospecter activement.

3.4 Scripts de Cold Calling

Exemple De Script Pour Une Première Prise De Contact

Introduction : "Bonjour [Nom du Prospect], je m'appelle [Votre Nom] de [Nom de l'Entreprise]. Comment allez-vous aujourd'hui ?"

Présentation de la Valeur : "Nous aidons les entreprises comme la vôtre à [bénéfice principal de votre produit/service]."

Questions Ouvertes : "J'aimerais en savoir plus sur vos défis actuels dans [domaine spécifique]. Pouvez-vous m'en parler un peu plus ?"

Réponses aux Objections : "Je comprends que cela puisse ne pas être une priorité en ce moment, mais avez-vous pensé à [solution spécifique] comme un moyen d'atteindre [objectif] ?"

Call to Action : "Seriez-vous disponible pour une conversation plus détaillée la semaine prochaine ? Nous pourrions discuter de comment [Nom de l'Entreprise] peut vous aider à atteindre vos objectifs."

Conclusion

Le cold calling reste une méthode de prospection puissante lorsqu'elle est bien exécutée. En comprenant les principes de base, en préparant soigneusement vos appels et en utilisant des techniques éprouvées, vous pouvez transformer cette méthode traditionnelle en un outil efficace pour générer des leads et augmenter vos ventes. Dans le prochain chapitre, nous explorerons la génération et la gestion de leads, en examinant comment identifier, qualifier et nourrir des prospects de manière systématique et organisée.

CHAPITRE 4 : GÉNÉRATION ET GESTION DE LEADS

Introduction

La génération et la gestion de leads sont des éléments essentiels de toute stratégie de prospection commerciale. Ce chapitre explore les différentes méthodes de génération de leads, ainsi que les meilleures pratiques pour les qualifier, les suivre et les convertir en clients.

4.1 Génération de Leads

Définition

La génération de leads consiste à attirer des prospects intéressés par vos produits ou services. Il existe de nombreuses méthodes pour générer des leads, chacune adaptée à différents objectifs et marchés cibles.

Méthodes De Génération De Leads

1. **Marketing de Contenu** : Création et partage de contenu informatif et utile pour attirer et engager des prospects.
2. **Marketing par Email** : Utilisation d'emails pour communiquer avec les prospects et les inciter à agir.
3. **Marketing sur les Réseaux Sociaux** : Utilisation des plateformes sociales pour promouvoir votre entreprise et interagir avec les prospects.
4. **Publicités en Ligne** : Utilisation de publicités payantes

sur les moteurs de recherche, les réseaux sociaux, ou d'autres plateformes en ligne.
5. **Événements et Webinaires** : Organisation d'événements en personne ou en ligne pour attirer et engager des prospects.

Meilleures Pratiques

- **Définir les Personas** : Créez des profils détaillés de vos clients idéaux pour orienter vos efforts de génération de leads.
- **Diversification des Canaux** : Utilisez une combinaison de méthodes pour atteindre un large public.
- **Mesure des Résultats** : Utilisez des outils d'analyse pour suivre les performances de vos campagnes et ajuster votre stratégie en conséquence.

4.2 Qualification des Leads

Définition

La qualification des leads consiste à évaluer la pertinence et le niveau d'intérêt des prospects afin de déterminer s'ils sont prêts à passer à l'étape suivante du processus de vente.

Critères De Qualification

1. **Démographiques** : Caractéristiques de base telles que l'âge, le sexe, la localisation géographique, etc.
2. **Comportementaux** : Actions et interactions des pro-

spects avec votre entreprise, telles que les visites de site web, les téléchargements de contenu, etc.
3. **Besoins et Budgets** : Besoins spécifiques des prospects et leur capacité à payer pour vos produits ou services.

Techniques De Qualification

- **Scoring de Leads** : Attribution de points à chaque prospect en fonction de critères prédéfinis pour évaluer leur niveau de qualification.
- **Évaluation des Besoins** : Posez des questions pour comprendre les défis et les objectifs des prospects afin de déterminer leur pertinence.

4.3 Nourrir et Suivre les Leads

Nourrir Les Leads

La nutrition des leads consiste à entretenir des relations avec les prospects au fil du temps, en leur fournissant des informations pertinentes et en les guidant à travers le processus d'achat.

- **Email Marketing** : Envoyer des emails réguliers avec du contenu pertinent pour garder les prospects engagés.
- **Contenu Personnalisé** : Personnaliser le contenu en fonction des intérêts et des besoins des prospects pour maintenir leur intérêt.

Suivi Des Leads

Le suivi des leads consiste à suivre les interactions des prospects avec votre entreprise et à les guider à travers le processus d'achat.

- **CRM** : Utilisez un système de gestion de la relation client (CRM) pour suivre les interactions avec les prospects et les étapes du processus de vente.

- **Automatisation** : Utilisez des outils d'automatisation pour programmer des actions de suivi en fonction des comportements des prospects.

Conclusion

La génération et la gestion de leads sont des éléments essentiels de toute stratégie de prospection commerciale. En comprenant les différentes méthodes de génération de leads, ainsi que les meilleures pratiques pour les qualifier, les suivre et les convertir en clients, vous serez en mesure de maximiser l'efficacité de vos efforts de prospection et de stimuler la croissance de votre entreprise.

Dans le prochain chapitre, nous explorerons la création et la gestion de pipelines de vente, en examinant comment construire, maintenir et optimiser des pipelines pour assurer un flux constant de prospects et de ventes.

CHAPITRE 5 : CRÉATION ET GESTION DE PIPELINES DE VENTE

Introduction

Le pipeline de vente est un processus structuré qui guide les prospects à travers les différentes étapes du cycle de vente, depuis la prospection initiale jusqu'à la conversion en clients. Ce chapitre explore l'importance de créer et de gérer efficacement un pipeline de vente, ainsi que les meilleures pratiques pour maximiser les résultats.

5.1 Comprendre le Pipeline de Vente

Définition

Un pipeline de vente est une représentation visuelle du processus de vente d'une entreprise, divisé en étapes distinctes, de la prospection à la clôture.

Les Étapes Typiques D'un Pipeline De Vente

1. **Prospection** : Identification et qualification des prospects.
2. **Prise de Contact** : Établissement du premier contact avec les prospects.
3. **Évaluation des Besoins** : Compréhension des besoins et des défis des prospects.

4. **Présentation de l'Offre** : Présentation de votre produit ou service et proposition de valeur.
5. **Négociation** : Discussion des termes et conditions de l'offre.
6. **Clôture** : Finalisation de la vente et conclusion du contrat.

Importance Du Pipeline De Vente

- **Visualisation du Processus** : Permet de suivre et de visualiser le parcours des prospects à travers les différentes étapes.
- **Prévision des Ventes** : Fournit une vision claire des opportunités en cours et des revenus potentiels.
- **Optimisation des Processus** : Identifie les goulets d'étranglement et les opportunités d'amélioration du processus de vente.

5.2 Création d'un Pipeline de Vente

Définition Des Étapes

Identifiez les étapes spécifiques du processus de vente de votre entreprise et définissez clairement ce qui constitue chaque étape.

Attribution Des Rôles Et Responsabilités

Déterminez qui est responsable de chaque étape du processus de vente et assurez-vous que les responsabilités sont clairement définies.

Intégration Des Outils Et Des Technologies

Utilisez des outils et des logiciels de gestion de pipeline de vente pour suivre et gérer efficacement les opportunités.

5.3 Gestion et Optimisation du Pipeline

Suivi Et Analyse

Utilisez des indicateurs de performance clés (KPI) pour suivre la progression des prospects à travers le pipeline et identifier les domaines à améliorer.

Qualification Des Prospects

Évaluez régulièrement la qualité des prospects à chaque étape du pipeline et éliminez ceux qui ne répondent pas aux critères de qualification.

Formation Et Développement

Offrez une formation continue à votre équipe de vente pour renforcer ses compétences et ses connaissances et optimiser le processus de vente.

Amélioration Continue

Soyez proactif dans l'identification des opportunités d'amélioration du processus de vente et mettez en œuvre des ajustements en conséquence.

Conclusion

La création et la gestion d'un pipeline de vente efficace sont essentielles pour maximiser les résultats de votre entreprise. En comprenant les étapes du processus de vente, en utilisant les bons outils et en mettant en place des pratiques de gestion efficaces, vous serez en mesure d'optimiser vos efforts de vente et de stimuler la croissance de votre entreprise.

Dans le prochain chapitre, nous explorerons les techniques de suivi et de fidélisation des clients, en examinant comment entretenir des relations solides avec les clients existants pour favoriser la fidélité et encourager les recommandations.

PARTIE 3 : TECHNIQUES ET STRATÉGIES AVANCÉES DE PROSPECTION

Introduction

Dans cette partie, nous plongerons dans le monde des techniques et des stratégies avancées de prospection commerciale. Alors que les méthodes traditionnelles restent importantes, il est essentiel de comprendre et d'utiliser des approches plus sophistiquées pour rester compétitif dans un environnement commercial en constante évolution.

L'évolution De La Prospection Commerciale

La prospection commerciale a considérablement évolué au fil des ans, passant des méthodes traditionnelles telles que le cold calling aux stratégies plus nuancées et axées sur la relation. Dans cette partie, nous explorerons les dernières tendances et les techniques émergentes qui façonnent le paysage de la prospection commerciale moderne.

Objectifs De Cette Partie

L'objectif de cette partie est de vous familiariser avec des techniques et des stratégies avancées de prospection, et de vous montrer comment les intégrer de manière efficace dans votre stratégie de vente. Vous découvrirez des approches innovantes pour attirer, engager et convertir des prospects de manière plus efficace, tout en renforçant les relations avec les clients existants.

Contenu De Cette Partie

Dans les chapitres à venir, nous aborderons une variété de sujets avancés de prospection commerciale, notamment :

- **L'Account-Based Marketing (ABM)** : Une approche stratégique qui consiste à cibler spécifiquement des comptes clés pour une personnalisation maximale.
- **La Prospection Prédictive** : L'utilisation de données et d'analyses pour identifier les prospects les plus susceptibles de convertir.
- **La Stratégie Omnicanal** : L'intégration de multiples canaux de communication pour atteindre les prospects à différents stades du processus d'achat.
- **La Personnalisation à l'Échelle** : L'utilisation de technologies avancées pour personnaliser les interactions avec les prospects à grande échelle.

En Résumé

La prospection commerciale est un domaine en constante évolution, et les professionnels de la vente doivent s'adapter pour rester compétitifs. Dans cette partie, nous explorerons des techniques et des stratégies avancées qui vous aideront à repousser les limites de votre activité de prospection et à obtenir des résultats exceptionnels. Préparez-vous à plonger dans le monde de la prospection commerciale de pointe et à découvrir comment ces techniques peuvent transformer votre approche de la vente.

CHAPITRE 6 : LA PROSPECTION PRÉDICTIVE

Introduction

La prospection prédictive est une approche avancée de prospection commerciale qui utilise des données et des analyses pour identifier les prospects les plus susceptibles de devenir des clients. Ce chapitre explore les principes de la prospection prédictive, ses avantages et les meilleures pratiques pour la mettre en œuvre avec succès.

6.1 Comprendre la Prospection Prédictive

Définition

La prospection prédictive repose sur l'utilisation de données et d'analyses pour prédire les comportements futurs des prospects et leur propension à acheter. Cette approche permet d'identifier les prospects les plus qualifiés et les plus susceptibles de convertir en clients.

Les Fondements De La Prospection Prédictive

- **Collecte de Données** : Collectez des données sur les prospects à partir de multiples sources, telles que les interactions en ligne, les données démographiques, les historiques d'achat, etc.
- **Analyse de Données** : Utilisez des techniques d'analyse

de données, telles que l'apprentissage automatique, pour extraire des insights et des tendances à partir des données collectées.

6.2 Avantages de la Prospection Prédictive

Identification Des Meilleures Opportunités

La prospection prédictive permet d'identifier les prospects les plus qualifiés et les plus susceptibles de convertir, ce qui maximise l'efficacité des efforts de prospection.

Optimisation Des Ressources

En ciblant spécifiquement les prospects les plus qualifiés, la prospection prédictive permet d'optimiser l'utilisation des ressources et des budgets de prospection.

Amélioration Des Taux De Conversion

En se concentrant sur les prospects les plus prometteurs, la prospection prédictive contribue à augmenter les taux de conversion et à stimuler la croissance des ventes.

6.3 Mise en Œuvre de la Prospection Prédictive

Sélection Des Variables Prédictives

Identifiez les variables et les indicateurs clés qui sont les meilleurs prédicteurs du comportement d'achat des prospects dans votre domaine.

Construction De Modèles Prédictifs

Utilisez des techniques d'apprentissage automatique et d'analyse prédictive pour construire des modèles qui prédisent la propension à acheter des prospects.

Évaluation Et Ajustement Continus

Évaluez régulièrement la performance de vos modèles prédictifs et apportez des ajustements en fonction des changements dans le comportement des prospects ou dans l'environnement commercial.

6.4 Meilleures Pratiques de Prospection Prédictive

Intégration Des Données

Intégrez les données sur les prospects à partir de différentes sources pour obtenir une vue complète et précise de leur comportement et de leurs préférences.

Collaboration Interfonctionnelle

Impliquez les équipes de vente, de marketing et d'analyse dans le processus de prospection prédictive pour obtenir des perspectives variées et garantir une mise en œuvre réussie.

Respect De La Confidentialité Des Données

Assurez-vous de respecter les réglementations sur la confidentialité des données et de protéger les informations personnelles des prospects.

Conclusion

La prospection prédictive est une approche puissante pour maximiser l'efficacité des efforts de prospection commerciale. En utilisant des données et des analyses pour identifier les prospects les plus qualifiés et les plus susceptibles de convertir, les entreprises peuvent optimiser l'utilisation de leurs ressources et augmenter les taux de conversion. Dans un paysage commercial de plus en plus concurrentiel, la prospection prédictive offre un avantage significatif pour les entreprises qui cherchent à stimuler la croissance et à maximiser les revenus.

Dans le prochain chapitre, nous explorerons la stratégie omnicanal, en examinant comment intégrer de manière cohérente et harmonieuse plusieurs canaux de communication pour atteindre les prospects à différents stades du processus d'achat.

CHAPITRE 7 : LA STRATÉGIE OMNICANAL

Introduction

La stratégie omnicanal est une approche de prospection commerciale qui vise à intégrer de manière cohérente et harmonieuse plusieurs canaux de communication pour atteindre les prospects à différents stades du processus d'achat. Ce chapitre explore les principes de la stratégie omnicanal, ses avantages et les meilleures pratiques pour la mettre en œuvre avec succès.

7.1 Comprendre la Stratégie Omnicanal

Définition

La stratégie omnicanal repose sur l'idée que les consommateurs interagissent avec les marques sur plusieurs canaux, tels que les réseaux sociaux, les sites web, les emails, les applications mobiles, etc. Cette approche vise à offrir une expérience homogène et fluide sur tous les canaux, permettant aux prospects de passer facilement d'un canal à l'autre.

Les Fondements De La Stratégie Omnicanal

- **Consistance** : Offrir une expérience cohérente sur tous les canaux, du premier contact à l'achat et au-delà.
- **Personnalisation** : Utiliser les données pour personnaliser les interactions avec les prospects en fonction de leurs préférences et de leur comportement.

- **Intégration** : Intégrer les différents canaux de communication pour offrir une expérience fluide et sans couture.

7.2 Avantages de la Stratégie Omnicanal

Meilleure Expérience Client

Les prospects bénéficient d'une expérience plus fluide et personnalisée lorsqu'ils interagissent avec une entreprise via plusieurs canaux.

Augmentation Des Taux De Conversion

La stratégie omnicanal permet d'atteindre les prospects à différents stades du processus d'achat, ce qui augmente les chances de conversion.

Renforcement De La Fidélisation

Une expérience homogène et personnalisée renforce la fidélité des clients et encourage les achats répétés.

7.3 Mise en Œuvre de la Stratégie Omnicanal

Identification Des Canaux Pertinents

Identifiez les canaux de communication les plus pertinents pour votre public cible, en tenant compte de leurs préférences et de leurs comportements.

Intégration Des Canaux

Intégrez les différents canaux de communication pour offrir une expérience homogène et cohérente à travers tous les points de contact.

Utilisation Des Données

Utilisez les données pour personnaliser les interactions avec les prospects sur chaque canal, en leur fournissant du contenu et des offres pertinentes.

Coordination Des Équipes

Coordonnez les efforts des différentes équipes (marketing, vente, service client, etc.) pour garantir une expérience client cohérente à travers tous les canaux.

7.4 Meilleures Pratiques de la Stratégie Omnicanal

Mesure De La Performance

Utilisez des indicateurs de performance clés (KPI) pour mesurer l'efficacité de votre stratégie omnicanal et ajuster vos tactiques en conséquence.

Écoute Et Adaptation

Écoutez les retours des clients et adaptez votre stratégie en fonction de leurs besoins et de leurs préférences.

Innovation Continue

Restez à l'affût des nouvelles tendances et technologies pour continuellement améliorer et innover votre stratégie omnicanal.

Conclusion

La stratégie omnicanal offre une approche puissante pour attirer, engager et convertir des prospects en clients fidèles. En offrant une expérience cohérente et personnalisée à travers tous les canaux de communication, vous pouvez maximiser l'efficacité de vos efforts de prospection et stimuler la croissance de votre entreprise.

Dans le prochain chapitre, nous explorerons la personnalisation à l'échelle, en examinant comment utiliser les technologies avancées pour personnaliser les interactions avec les prospects à grande échelle.

CHAPITRE 8 : LA PERSONNALISATION À L'ÉCHELLE

Introduction

La personnalisation à l'échelle est une approche avancée de prospection commerciale qui consiste à utiliser des technologies avancées pour personnaliser les interactions avec les prospects à grande échelle. Ce chapitre explore les principes de la personnalisation à l'échelle, ses avantages et les meilleures pratiques pour la mettre en œuvre avec succès.

8.1 Comprendre la Personnalisation à l'Échelle

Définition

La personnalisation à l'échelle repose sur l'utilisation de données et de technologies avancées, telles que l'intelligence artificielle et l'apprentissage automatique, pour personnaliser les interactions avec les prospects à grande échelle. Cette approche permet d'offrir des expériences personnalisées et pertinentes à chaque prospect, même dans les environnements à haut volume.

Les Fondements De La Personnalisation À L'échelle

- **Collecte de Données** : Collectez des données sur les prospects à partir de multiples sources, telles que les interactions en ligne, les données démographiques, les historiques d'achat, etc.
- **Analyse de Données** : Utilisez des algorithmes d'analyse de données pour extraire des insights et des tendances à

partir des données collectées.

- **Automatisation** : Automatisez les processus de personnalisation à l'aide de technologies avancées pour offrir des expériences personnalisées à grande échelle.

8.2 Avantages de la Personnalisation à l'Échelle

Expériences Client Personnalisées

Les prospects bénéficient d'expériences plus personnalisées et pertinentes, ce qui renforce l'engagement et la fidélité à la marque.

Amélioration Des Taux De Conversion

La personnalisation à l'échelle permet d'augmenter les taux de conversion en offrant des offres et des recommandations plus pertinentes aux prospects.

Optimisation Des Processus

L'automatisation des processus de personnalisation permet de gagner du temps et des ressources, tout en garantissant une cohérence et une qualité constantes.

8.3 Mise en Œuvre de la Personnalisation à l'Échelle

Collecte Et Intégration Des Données

Collectez des données sur les prospects à partir de différentes sources et intégrez-les dans un système centralisé pour une analyse et une utilisation efficaces.

Utilisation De Technologies Avancées

Utilisez des technologies avancées telles que l'intelligence artificielle et l'apprentissage automatique pour analyser les données et automatiser les processus de personnalisation.

Création De Contenu Dynamique

Utilisez des outils de création de contenu dynamique pour personnaliser automatiquement le contenu des communications en fonction des préférences et du comportement des prospects.

8.4 Meilleures Pratiques de la Personnalisation à l'Échelle

Respect De La Confidentialité Des Données

Assurez-vous de respecter les réglementations sur la confidentialité des données et de protéger les informations personnelles des prospects.

Test Et Optimisation Continus

Mettez en place des tests A/B et des analyses régulières pour évaluer l'efficacité de vos efforts de personnalisation et apporter des ajustements en conséquence.

Écoute Et Adaptation

Écoutez les retours des prospects et adaptez vos stratégies de personnalisation en fonction de leurs besoins et de leurs préférences.

Conclusion

La personnalisation à l'échelle offre une approche puissante pour attirer, engager et convertir des prospects en clients fidèles. En utilisant des technologies avancées pour personnaliser les interactions avec les prospects à grande échelle, vous pouvez offrir des expériences personnalisées et pertinentes qui renforcent l'engagement et stimulent la croissance de votre entreprise.

Dans le prochain chapitre, nous explorerons la gestion de la relation client (CRM), en examinant comment utiliser ces outils pour gérer efficacement les interactions avec les prospects et les clients.

PARTIE 4 : SUIVI ET FIDÉLISATION DES CLIENTS

Introduction

Dans cette partie, nous explorerons l'importance du suivi et de la fidélisation des clients dans le cadre d'une stratégie de vente efficace. Alors que l'acquisition de nouveaux clients est cruciale pour la croissance d'une entreprise, il est tout aussi essentiel de cultiver et de fidéliser les relations avec les clients existants.

L'Évolution du Suivi et de la Fidélisation des Clients

Le paysage commercial moderne met l'accent sur la fidélisation des clients et la création de relations durables plutôt que sur une simple transaction unique. Cette partie examinera comment les entreprises peuvent tirer parti des outils, des techniques et des meilleures pratiques pour suivre et fidéliser efficacement leurs clients.

Objectifs de cette Partie

L'objectif de cette partie est de montrer l'importance du suivi et de la fidélisation des clients dans la croissance d'une entreprise, ainsi que de fournir des conseils pratiques et des stratégies pour renforcer les relations avec les clients existants et encourager la fidélité à la marque.

Contenu de cette Partie

Dans les chapitres à venir, nous aborderons une variété de sujets liés au suivi et à la fidélisation des clients, notamment :

- **Techniques de Suivi des Clients** : Comment suivre efficacement les interactions avec les clients pour maintenir des relations solides.
- **Stratégies de Fidélisation des Clients** : Comment mettre en œuvre des programmes de fidélisation efficaces pour encourager la rétention des clients.
- **Gestion des Retours et des Réclamations** : Comment gérer les retours et les réclamations des clients de manière à maintenir leur satisfaction et leur fidélité.

En Résumé

Le suivi et la fidélisation des clients sont des éléments clés d'une stratégie de vente réussie. En investissant dans la création de relations solides avec les clients existants et en les fidélisant à long terme, les entreprises peuvent non seulement augmenter leur chiffre d'affaires, mais aussi renforcer leur réputation et leur position sur le marché.

Dans le premier chapitre de cette partie, nous explorerons les techniques de suivi des clients, en examinant comment suivre efficacement les interactions avec les clients pour maintenir des relations solides et pertinentes.

CHAPITRE 9 : GESTION DE LA RELATION CLIENT (CRM)

Introduction

La gestion de la relation client (CRM) est une approche stratégique qui vise à gérer efficacement les interactions avec les prospects et les clients tout au long du cycle de vie client. Ce chapitre explore les principes de la gestion de la relation client, les avantages d'un système CRM et les meilleures pratiques pour sa mise en œuvre.

9.1 Comprendre la Gestion de la Relation Client (CRM)

Définition

La gestion de la relation client (CRM) est un ensemble de pratiques, de stratégies et de technologies utilisées pour gérer et analyser les interactions avec les prospects et les clients. L'objectif principal est d'améliorer les relations avec les clients, de fidéliser les clients existants et d'attirer de nouveaux clients.

Les Fondements De La Gestion De La Relation Client

- **Centralisation des Données** : Stocker toutes les informations sur les prospects et les clients dans un seul système centralisé.
- **Automatisation des Processus** : Automatiser les tâches répétitives et les processus de gestion de la relation cli-

ent pour gagner du temps et des ressources.
- **Personnalisation des Interactions** : Utiliser les données sur les clients pour personnaliser les interactions et offrir des expériences client plus pertinentes.

9.2 Avantages d'un Système CRM

Meilleure Gestion Des Interactions

Un système CRM permet de centraliser toutes les interactions avec les prospects et les clients, ce qui facilite leur suivi et leur gestion.

Amélioration De La Fidélisation Client

En offrant des expériences client personnalisées et en répondant rapidement à leurs besoins, un système CRM contribue à renforcer la fidélité des clients.

Optimisation Des Processus De Vente

En automatisant les processus de vente et en fournissant des données exploitables sur les prospects, un système CRM aide à optimiser les processus de vente et à augmenter les taux de conversion.

9.3 Mise en Œuvre d'un Système CRM

Évaluation Des Besoins

Identifiez les besoins spécifiques de votre entreprise en matière de gestion de la relation client et choisissez un système CRM adapté.

Formation Du Personnel

Offrez une formation complète à votre équipe sur l'utilisation du système CRM et sur les meilleures pratiques en matière de gestion de la relation client.

Intégration Avec D'autres Outils

Intégrez votre système CRM avec d'autres outils et logiciels utilisés par votre entreprise pour une gestion plus efficace des interactions avec les clients.

9.4 Meilleures Pratiques de Gestion de la Relation Client

Suivi Régulier Des Interactions

Assurez-vous de suivre régulièrement les interactions avec les prospects et les clients pour maintenir des relations solides et pertinentes.

Personnalisation Des Communications

Utilisez les données sur les clients pour personnaliser les communications et offrir des expériences client plus pertinentes.

Collecte Et Analyse De Données

Collectez des données sur les interactions avec les clients et analysez-les pour obtenir des insights exploitables sur leurs comportements et leurs préférences.

Conclusion

La gestion de la relation client (CRM) est un élément essentiel de toute stratégie de prospection commerciale. En centralisant les données sur les prospects et les clients, en automatisant les processus de vente et en offrant des expériences client personnalisées, un système CRM contribue à renforcer la fidélité des clients, à augmenter les taux de conversion et à stimuler la croissance de l'entreprise.

Dans le prochain chapitre, nous explorerons les techniques de suivi et de fidélisation des clients, en examinant comment entretenir des relations solides avec les clients existants pour favoriser la fidélité et encourager les recommandations.

CHAPITRE 10 : TECHNIQUES DE SUIVI DES CLIENTS

Introduction

Le suivi des clients est une pratique essentielle pour maintenir des relations solides et durables avec les clients. Ce chapitre explore les différentes techniques de suivi des clients, depuis la collecte des informations jusqu'à la gestion des interactions et des retours, pour garantir une expérience client positive et fidéliser les clients à long terme.

10.1 Collecte des Informations Client

Utilisation De Systèmes Crm

Les systèmes de gestion de la relation client (CRM) permettent de centraliser les informations sur les clients, telles que leurs coordonnées, leurs achats précédents et leurs préférences.

Feedback Des Clients

Sollicitez régulièrement les commentaires des clients sur leur expérience avec votre entreprise, que ce soit à travers des enquêtes de satisfaction, des évaluations en ligne ou des entretiens personnalisés.

10.2 Gestion des Interactions Client

Suivi Des Communications

Utilisez des outils de suivi des communications pour enregistrer toutes les interactions avec les clients, y compris les appels téléphoniques, les emails et les réunions en personne.

Personnalisation Des Interactions

Utilisez les informations collectées sur les clients pour personnaliser les interactions et offrir une expérience client plus pertinente et personnalisée.

10.3 Gestion des Retours et des Réclamations

Processus De Retour Facilité

Offrez un processus de retour facile et sans tracas pour les clients insatisfaits, ce qui renforce leur confiance dans votre entreprise et améliore leur satisfaction.

Réponse Rapide Aux Réclamations

Répondez rapidement et efficacement aux réclamations des clients, en les traitant de manière équitable et en trouvant des solutions qui les satisfont.

10.4 Suivi Post-Achat

Suivi Après Vente

Continuez à suivre les clients après leur achat pour vous assurer de leur satisfaction et pour identifier d'autres opportunités de vente croisée ou de vente incitative.

Programme De Fidélité

Mettez en place un programme de fidélité pour récompenser les clients fidèles et encourager les achats répétés.

10.5 Utilisation de Données Analytiques

Analyse Des Données Client

Utilisez les données analytiques pour comprendre le comportement et les préférences des clients, ce qui vous permet d'adapter vos stratégies de suivi en conséquence.

Conclusion

Le suivi des clients est une pratique essentielle pour maintenir des relations solides et durables avec les clients. En utilisant des techniques de suivi efficaces, depuis la collecte des informations jusqu'à la gestion des interactions et des retours, les entreprises peuvent garantir une expérience client positive et fidéliser les clients à long terme.

Dans le prochain chapitre, nous explorerons les stratégies de fidélisation des clients, en examinant comment mettre en œuvre des programmes de fidélisation efficaces pour encourager la rétention des clients et stimuler la croissance de l'entreprise.

CHAPITRE 11 : STRATÉGIES DE FIDÉLISATION DES CLIENTS

Introduction

La fidélisation des clients est essentielle pour toute entreprise souhaitant maintenir sa rentabilité à long terme. Ce chapitre explore les différentes stratégies de fidélisation des clients, depuis la création de programmes de fidélité jusqu'à l'offre d'un service client exceptionnel, pour encourager la rétention des clients et stimuler la croissance de l'entreprise.

11.1 Création de Programmes de Fidélité

Points De Récompense

Mettez en place un système de points de récompense qui permet aux clients de gagner des points pour chaque achat et de les échanger contre des récompenses ou des avantages exclusifs.

Offres Spéciales

Offrez des offres spéciales et des réductions exclusives aux membres du programme de fidélité pour les inciter à continuer à acheter chez vous.

11.2 Fourniture d'un Service Client Exceptionnel

Réponse Rapide Aux Demandes

Répondez rapidement et efficacement aux demandes des clients, que ce soit par téléphone, email ou sur les réseaux sociaux, pour leur montrer que vous les appréciez et que leur satisfaction est votre priorité.

Personnalisation De L'expérience Client

Utilisez les informations sur les clients pour personnaliser leur expérience et leur offrir un service client adapté à leurs besoins et à leurs préférences.

11.3 Création de Contenu à Valeur Ajoutée

Blog Et Newsletters

Publiez régulièrement du contenu informatif et utile sur votre blog et envoyez des newsletters à vos clients pour les tenir informés des dernières nouveautés de votre entreprise et de votre industrie.

Guides Et Tutoriels

Fournissez des guides et des tutoriels pour aider vos clients à utiliser vos produits ou services de manière plus efficace et à en tirer le meilleur parti.

11.4 Organisation d'Événements et d'Activités

Événements Vip

Organisez des événements exclusifs pour vos clients fidèles, tels que des soirées VIP ou des visites d'usine, pour les remercier de leur fidélité et renforcer leur sentiment d'appartenance à votre marque.

Webinaires Et Ateliers

Organisez des webinaires et des ateliers pour fournir à vos clients des informations supplémentaires sur votre industrie et vos produits, tout en leur offrant la possibilité d'interagir directement avec vous et votre équipe.

Conclusion

La fidélisation des clients est un élément essentiel de toute stratégie commerciale réussie. En mettant en place des stratégies de fidélisation efficaces, telles que la création de programmes de fidélité, la fourniture d'un service client exceptionnel, la création de contenu à valeur ajoutée et l'organisation d'événements et d'activités, les entreprises peuvent encourager la rétention des clients et stimuler la croissance à long terme.

Dans le prochain chapitre, nous explorerons la gestion des retours et des réclamations des clients, en examinant comment gérer ces situations de manière à maintenir la satisfaction des clients et à renforcer leur fidélité à la marque.

CHAPITRE 12 : GESTION DES RETOURS ET DES RÉCLAMATIONS DES CLIENTS

Introduction

La gestion des retours et des réclamations des clients est une composante essentielle de toute stratégie de service client efficace. Ce chapitre explore les meilleures pratiques pour gérer ces situations délicates, en mettant l'accent sur la satisfaction client et la préservation de la réputation de l'entreprise.

12.1 Processus de Retour Simplifié

Politique De Retour Transparente

Élaborez une politique de retour claire et transparente, qui indique les conditions et les délais de retour, ainsi que les options de remboursement ou d'échange disponibles.

Facilitation Du Processus De Retour

Simplifiez le processus de retour en fournissant aux clients des instructions claires et en facilitant le renvoi des produits, par exemple en incluant une étiquette de retour prépayée avec chaque commande.

12.2 Réponse Rapide et Empathique aux Réclamations

Mise En Place D'un Système De Gestion Des Réclamations

Instaurez un système de gestion des réclamations pour enregistrer et suivre les réclamations des clients, en assignant des responsabilités et en fixant des délais pour leur résolution.

Communication Proactive

Communiquez régulièrement avec les clients concernant l'état de leur réclamation, en fournissant des mises à jour sur les progrès réalisés et en répondant rapidement à leurs préoccupations.

12.3 Résolution des Problèmes avec Empathie

Écoute Active

Écoutez attentivement les préoccupations des clients et montrez-leur que vous comprenez leur point de vue en leur offrant une écoute empathique et en les rassurant sur le fait que leurs problèmes seront résolus.

Solutions Personnalisées

Proposez des solutions personnalisées pour résoudre les problèmes des clients, en tenant compte de leurs besoins et de leurs préférences individuels.

12.4 Suivi Après Résolution

Feedback Post-Résolution

Sollicitez le feedback des clients après la résolution de leur réclamation pour évaluer leur satisfaction et identifier d'éventuelles opportunités d'amélioration.

Suivi Continu

Continuez à suivre les clients après la résolution de leur réclamation pour vous assurer que le problème ne se reproduit pas et pour maintenir leur satisfaction à long terme.

Conclusion

La gestion des retours et des réclamations des clients est une partie inévitable de toute entreprise, et une gestion efficace de ces situations peut renforcer la confiance des clients et préserver la réputation de l'entreprise. En adoptant une approche proactive et empathique pour résoudre les problèmes des clients, les entreprises peuvent transformer des expériences négatives en opportunités de fidélisation et de croissance.

Dans le prochain chapitre, nous explorerons les différentes stratégies de fidélisation des clients, en examinant comment maintenir des relations solides avec les clients existants et encourager la fidélité à la marque

PARTIE 5 : STRATÉGIES DE MARKETING DIGITAL

Introduction

Dans cette partie, nous explorerons l'importance croissante du marketing digital dans le paysage commercial moderne. Avec l'évolution des technologies et des comportements des consommateurs, les entreprises doivent s'adapter et adopter des stratégies de marketing digital efficaces pour rester compétitives sur le marché.

Le Rôle du Marketing Digital

Le marketing digital englobe un large éventail de techniques et d'outils permettant aux entreprises de promouvoir leurs produits et services en ligne. Cette partie examinera les différentes stratégies de marketing digital, des médias sociaux au référencement en passant par le marketing par e-mail, et comment les intégrer dans une stratégie globale de prospection commerciale.

Objectifs de cette Partie

L'objectif de cette partie est de fournir aux lecteurs une compréhension approfondie des différentes stratégies de marketing digital disponibles, ainsi que des meilleures pratiques pour les mettre en œuvre avec succès. Nous explorerons comment utiliser ces stratégies pour attirer des prospects qualifiés, les convertir en clients et les fidéliser à long terme.

Contenu de cette Partie

Dans les chapitres à venir, nous aborderons une variété de sujets liés au marketing digital, notamment :

- **Stratégies de Médias Sociaux** : Comment utiliser les plateformes de médias sociaux pour engager les prospects et renforcer la visibilité de la marque.
- **Optimisation des Moteurs de Recherche (SEO)** : Comment améliorer le classement de votre site web dans les résultats de recherche pour attirer plus de trafic organique.
- **Marketing par E-mail** : Comment créer des campagnes de marketing par e-mail efficaces pour rester en contact avec les prospects et les clients.
- **Publicités en Ligne** : Comment utiliser la publicité en ligne, y compris la publicité payante sur les moteurs de recherche et les réseaux sociaux, pour cibler les prospects qualifiés.

En Résumé

Le marketing digital offre aux entreprises des opportunités sans précédent de toucher et d'engager leur public cible de manière efficace et mesurable. Dans cette partie, nous examinerons comment tirer parti des différentes stratégies de marketing digital pour accroître la visibilité de la marque, générer des leads qualifiés et stimuler la croissance de l'entreprise.

Dans le premier chapitre de cette partie, nous explorerons les stratégies de médias sociaux, en examinant comment utiliser les plateformes de médias sociaux pour atteindre et engager efficacement les prospects.

CHAPITRE 13 : STRATÉGIES DE MÉDIAS SOCIAUX

Introduction

Les médias sociaux jouent un rôle crucial dans la stratégie de marketing digital de toute entreprise. Ce chapitre explore les meilleures pratiques et les stratégies efficaces pour utiliser les plateformes de médias sociaux afin d'atteindre et d'engager efficacement les prospects, de renforcer la visibilité de la marque et de stimuler la croissance de l'entreprise.

13.1 Choix des Plateformes Appropriées

Analyse De La Clientèle Cible

Identifiez les plateformes de médias sociaux les plus pertinentes pour votre entreprise en fonction des caractéristiques démographiques, des intérêts et des comportements de votre public cible.

Concentration Sur Les Plateformes Clés

Concentrez vos efforts sur quelques plateformes clés où votre public cible est le plus actif et engagé, plutôt que de disperser vos ressources sur un grand nombre de plateformes.

13.2 Création de Contenu Engageant

Contenu Visuel Attrayant

Utilisez des images, des vidéos et des infographies attractives pour capturer l'attention de votre public et susciter l'engagement sur les médias sociaux.

Contenu Pertinent Et Utile

Fournissez du contenu pertinent et utile qui répond aux besoins et aux intérêts de votre public cible, en offrant des conseils, des informations et des solutions à leurs problèmes.

13.3 Engagement et Interaction avec les Abonnés

Répondre Aux Commentaires Et Messages

Soyez réactif et engageant en répondant aux commentaires, aux messages privés et aux mentions sur les réseaux sociaux, en encourageant le dialogue et en construisant des relations avec votre audience.

Encourager L'ugc

Encouragez la création de contenu généré par les utilisateurs (UGC) en organisant des concours, en partageant les publications des clients et en leur demandant leur avis sur vos produits ou services.

13.4 Utilisation de la Publicité sur les Réseaux Sociaux

Ciblage Précis

Utilisez les outils de ciblage avancés des plateformes de publicité sur les réseaux sociaux pour atteindre spécifiquement votre public cible en fonction de critères démographiques, d'intérêts et de comportements.

Campagnes Créatives

Créez des campagnes publicitaires créatives et attrayantes, avec des visuels accrocheurs et un message clair, pour susciter l'engagement et inciter à l'action.

Conclusion

Les médias sociaux offrent aux entreprises une plateforme puissante pour atteindre et engager leur public cible de manière efficace et mesurable. En utilisant les bonnes stratégies et les meilleures pratiques, les entreprises peuvent renforcer la visibilité de leur marque, générer des leads qualifiés et stimuler la croissance de leur entreprise.

Dans le prochain chapitre, nous explorerons l'optimisation des moteurs de recherche (SEO), en examinant comment améliorer le classement de votre site web dans les résultats de recherche pour attirer plus de trafic organique.

CHAPITRE 14 : OPTIMISATION DES MOTEURS DE RECHERCHE (SEO)

Introduction

L'optimisation des moteurs de recherche (SEO) est un élément essentiel de toute stratégie de marketing digital réussie. Ce chapitre explore les meilleures pratiques et les stratégies efficaces pour améliorer le classement de votre site web dans les résultats de recherche, attirer plus de trafic organique et augmenter la visibilité de votre marque en ligne.

14.1 Analyse des Mots-clés

Recherche De Mots-Clés Pertinents

Identifiez les mots-clés pertinents pour votre entreprise et votre industrie, en tenant compte de la concurrence, du volume de recherche et de la pertinence pour votre public cible.

Utilisation De Longues Traînes

Intégrez des mots-clés longue traîne dans votre contenu pour cibler des recherches plus spécifiques et capturer le trafic de niche.

14.2 Optimisation du Contenu

Création De Contenu De Qualité

Produisez du contenu de qualité et à forte valeur ajoutée pour vos utilisateurs, en répondant à leurs questions, en fournissant des informations utiles et en résolvant leurs problèmes.

Optimisation On-Page

Optimisez les éléments on-page de votre site web, tels que les balises de titre, les balises méta-description, les URL et les balises d'en-tête, pour les mots-clés ciblés et pour améliorer la lisibilité et la convivialité du contenu.

14.3 Amélioration de l'Expérience Utilisateur

Temps De Chargement Rapide

Assurez-vous que votre site web se charge rapidement sur tous les appareils, en optimisant les images, en utilisant la mise en cache et en réduisant les temps de chargement.

Navigation Intuitive

Créez une navigation intuitive et conviviale sur votre site web pour permettre aux utilisateurs de trouver facilement ce qu'ils recherchent et d'explorer votre contenu de manière efficace.

14.4 Construction de Liens de Qualité

Stratégie De Backlinking

Développez une stratégie de création de liens de qualité en obtenant des liens provenant de sites web pertinents et de haute autorité dans votre domaine.

Contenu Partageable

Produisez du contenu de haute qualité et partageable pour encourager les liens naturels et le partage sur les réseaux sociaux, les blogs et d'autres sites web.

Conclusion

L'optimisation des moteurs de recherche (SEO) est un processus continu qui nécessite une attention constante et une adaptation aux évolutions de l'algorithme des moteurs de recherche. En mettant en œuvre les bonnes pratiques de SEO, les entreprises peuvent améliorer leur visibilité en ligne, attirer plus de trafic organique et augmenter les conversions et les ventes.

Dans le prochain chapitre, nous explorerons le marketing par e-mail, en examinant comment créer des campagnes de marketing par e-mail efficaces pour rester en contact avec les prospects et les clients.

PARTIE 6 : MARKETING PAR E-MAIL

Introduction

Le marketing par e-mail reste l'un des outils les plus puissants pour engager et convertir les prospects en clients fidèles. Dans cette partie, nous explorerons les stratégies et les meilleures pratiques pour créer des campagnes de marketing par e-mail efficaces, pour rester en contact avec les prospects et les clients, et pour stimuler la croissance de l'entreprise.

L'Importance du Marketing par E-mail

Le marketing par e-mail offre une méthode directe et rentable pour communiquer avec votre public cible, en fournissant des informations pertinentes et en stimulant l'engagement. Cette partie examinera comment tirer parti de cette puissante plateforme pour atteindre vos objectifs marketing.

Objectifs de cette Partie

L'objectif de cette partie est de fournir aux lecteurs une compréhension approfondie du marketing par e-mail, de son fonctionnement et de ses avantages, ainsi que des meilleures pratiques pour concevoir et exécuter des campagnes réussies.

Contenu de cette Partie

Dans les chapitres à venir, nous aborderons une variété de sujets liés au marketing par e-mail, notamment :

- **Construction de Listes de Diffusion** : Comment construire une liste de diffusion de qualité et ciblée.
- **Conception de Campagnes Efficaces** : Comment créer

des campagnes de marketing par e-mail attrayantes et convaincantes.
- **Automatisation du Marketing par E-mail** : Comment utiliser l'automatisation pour optimiser vos campagnes et gagner du temps.
- **Suivi et Analyse des Résultats** : Comment mesurer et analyser les performances de vos campagnes pour améliorer continuellement vos résultats.

En Résumé

Le marketing par e-mail reste un élément essentiel de toute stratégie de marketing digital réussie. Dans cette partie, nous examinerons comment tirer parti de cette puissante plateforme pour atteindre vos objectifs marketing, en fournissant des conseils pratiques et des exemples concrets pour vous guider tout au long du processus.

Dans le premier chapitre de cette partie, nous explorerons la construction de listes de diffusion, en examinant les meilleures pratiques pour collecter et gérer efficacement les adresses e-mail de vos prospects et clients.

CHAPITRE 15 : CONSTRUCTION DE LISTES DE DIFFUSION

Introduction

La construction d'une liste de diffusion de qualité et ciblée est une étape essentielle dans toute stratégie de marketing par e-mail réussie. Ce chapitre explore les meilleures pratiques et les stratégies efficaces pour collecter et gérer les adresses e-mail de vos prospects et clients, en garantissant le respect des réglementations en matière de protection des données.

15.1 Offrir une Valeur Ajoutée

Contenu Informatif

Proposez du contenu informatif et utile pour inciter les visiteurs de votre site web à s'inscrire à votre liste de diffusion, comme des guides, des tutoriels ou des livres blancs.

Offres Spéciales

Offrez des offres spéciales et des réductions exclusives aux abonnés de votre liste de diffusion pour les inciter à s'inscrire et à rester engagés.

15.2 Utiliser des Formulaires d'Inscription Conviviaux

Placement Stratégique

Placez des formulaires d'inscription à des endroits stratégiques sur votre site web, tels que la page d'accueil, les articles de blog et les pages de produits, pour maximiser les chances de conversion.

Simplification Du Processus

Simplifiez le processus d'inscription en ne demandant que les informations essentielles, telles que l'adresse e-mail, pour encourager davantage de visiteurs à s'inscrire.

15.3 Collecte en Personne

Événements Et Salons

Profitez des événements, des salons et des foires pour collecter des adresses e-mail en personne en échangeant des informations ou des cadeaux gratuits.

Points De Vente Physiques

Si vous avez un magasin physique, encouragez les clients à s'inscrire à votre liste de diffusion à la caisse ou via des cartes de visite.

15.4 Respect des Règlementations sur la Protection des Données

Consentement Clair

Obtenez un consentement clair et explicite des abonnés avant de les ajouter à votre liste de diffusion, en leur fournissant des informations sur la manière dont vous utiliserez leurs données et en leur permettant de se désabonner facilement.

Conformité Au Rgpd

Assurez-vous d'être en conformité avec le Règlement Général sur la Protection des Données (RGPD) et d'autres règlementations locales en matière de protection des données lors de la collecte et du traitement des adresses e-mail des abonnés.

Conclusion

La construction d'une liste de diffusion de qualité est une étape cruciale dans toute stratégie de marketing par e-mail réussie. En offrant une valeur ajoutée, en utilisant des formulaires d'inscription conviviaux, en collectant des adresses e-mail en personne et en respectant les règlementations sur la protection des données, les entreprises peuvent créer une liste de diffusion ciblée et engagée, prête à recevoir des campagnes de marketing par e-mail efficaces.

Dans le prochain chapitre, nous explorerons la conception de campagnes de marketing par e-mail efficaces, en examinant les éléments clés à prendre en compte pour maximiser l'impact de vos messages.

CHAPITRE 16 : CONCEPTION DE CAMPAGNES DE MARKETING PAR E-MAIL EFFICACES

Introduction

La conception de campagnes de marketing par e-mail efficaces est essentielle pour capturer l'attention de vos abonnés et les inciter à prendre des mesures. Ce chapitre explore les éléments clés à prendre en compte lors de la création de vos campagnes d'e-mail, ainsi que des conseils pratiques pour maximiser leur impact et leur efficacité.

16.1 Objet Accrocheur

Pertinence Et Clarté

Choisissez un objet d'e-mail accrocheur, pertinent et clair qui incite les destinataires à ouvrir votre e-mail et à en savoir plus sur son contenu.

Personnalisation

Utilisez la personnalisation pour rendre l'objet de l'e-mail plus convaincant et pertinent pour chaque destinataire, en incluant leur nom ou d'autres informations pertinentes.

16.2 Contenu Convaincant

Message Clé

Commencez par un message clé fort et engageant qui capte immédiatement l'attention du lecteur et lui donne envie de continuer à lire.

Appel À L'action (Cta)

Incluez un appel à l'action clair et percutant qui indique au destinataire ce que vous voulez qu'il fasse ensuite, que ce soit cliquer sur un lien, télécharger un guide ou effectuer un achat.

16.3 Conception Visuelle

Mise En Page Professionnelle

Optez pour une mise en page professionnelle et attrayante qui facilite la lecture et la compréhension du contenu de votre e-mail.

Images De Qualité

Utilisez des images de haute qualité et pertinentes pour illustrer votre message et susciter l'engagement des destinataires.

16.4 Adaptabilité Mobile

Responsive Design

Assurez-vous que votre e-mail est optimisé pour les appareils mobiles avec un design réactif qui s'adapte automatiquement à différentes tailles d'écran.

Test Sur Différents Appareils

Testez votre e-mail sur différents appareils et clients de messagerie pour vous assurer qu'il s'affiche correctement et que tous les éléments sont visibles et fonctionnels.

Conclusion

La conception de campagnes de marketing par e-mail efficaces est un élément crucial pour obtenir des résultats positifs de vos efforts de marketing par e-mail. En utilisant des objets accrocheurs, un contenu convaincant, une conception visuelle attrayante et une adaptabilité mobile, vous pouvez créer des e-mails qui captivent votre public et génèrent des résultats.

Dans le prochain chapitre, nous explorerons l'automatisation du marketing par e-mail, en examinant comment utiliser l'automatisation pour optimiser vos campagnes et gagner du temps.

BONUS : TECHNIQUES DE PROSPECTION AVANCÉES

Introduction

Les techniques de prospection avancées permettent aux entreprises d'aller au-delà des méthodes traditionnelles pour découvrir de nouveaux prospects de manière plus efficace et plus ciblée. Ce chapitre explore diverses stratégies et outils avancés qui peuvent améliorer considérablement vos efforts de prospection et augmenter vos taux de conversion.

10.1 Utilisation de l'Intelligence Artificielle (IA)

Chatbots Et Automatisation

Les chatbots alimentés par l'intelligence artificielle peuvent interagir avec les visiteurs de votre site web en temps réel, répondre à leurs questions et les guider vers des solutions pertinentes. Ils sont disponibles 24/7, offrant une assistance continue et recueillant des informations précieuses sur les prospects.

Analyse De Données

L'IA peut analyser de grandes quantités de données pour identifier des modèles et des tendances qui ne seraient pas évidents autrement. Cela peut aider à prédire les comportements des prospects, à personnaliser les offres et à prioriser les leads les plus prometteurs.

10.2 Marketing de Contenu Avancé

Webinaires Et Événements Virtuels

Les webinaires et autres événements virtuels sont des outils puissants pour attirer des prospects de qualité. Ils permettent de démontrer votre expertise, d'engager directement avec votre audience et de recueillir des informations précieuses sur leurs besoins et leurs intérêts.

Livres Blancs Et Études De Cas

Produire des contenus approfondis comme des livres blancs et des études de cas montre votre expertise dans le domaine et peut attirer des prospects qualifiés qui recherchent des solutions spécifiques à leurs problèmes.

10.3 Social Selling

Utilisation Des Réseaux Sociaux

Le social selling consiste à utiliser les réseaux sociaux pour identifier, engager et entretenir des relations avec des prospects. LinkedIn est particulièrement efficace pour le B2B, permettant de cibler des professionnels par secteur, fonction et entreprise.

Personnalisation Et Engagement

La clé du social selling est la personnalisation. Engagez avec les prospects en commentant leurs publications, en partageant du contenu pertinent et en établissant un dialogue personnalisé qui répond à leurs besoins spécifiques.

10.4 Marketing Automation

Scénarios De Nurturing

Le marketing automation permet de créer des scénarios de nurturing automatisés qui envoient des e-mails ciblés aux prospects en fonction de leurs actions et de leurs intérêts. Cela aide à maintenir l'engagement des prospects tout au long du cycle de vente.

Suivi Des Comportements

Utilisez des outils de marketing automation pour suivre les comportements des prospects sur votre site web, comme les pages visitées et le contenu téléchargé, afin de mieux comprendre leurs intérêts et de leur fournir des contenus et des offres personnalisés.

10.5 Data-Driven Marketing

Segmentation Avancée

La segmentation avancée consiste à diviser votre liste de prospects en segments très spécifiques en fonction de divers critères tels que les comportements d'achat, les préférences et les données démographiques. Cela permet de personnaliser les messages et les offres pour chaque segment.

Personnalisation Dynamique

Utilisez des outils de personnalisation dynamique pour adapter en temps réel le contenu de votre site web et de vos e-mails en fonction des comportements et des préférences des utilisateurs. Cela augmente l'engagement et la pertinence des messages.

Conclusion

Les techniques de prospection avancées offrent des moyens innovants et efficaces pour atteindre et convertir des prospects de haute qualité. En utilisant l'intelligence artificielle, le marketing de contenu avancé, le social selling, l'automatisation du marketing et le marketing basé sur les données, les entreprises peuvent améliorer considérablement leurs efforts de prospection et atteindre leurs objectifs commerciaux plus rapidement.

Dans le prochain chapitre, nous explorerons les stratégies de médias sociaux, en examinant comment utiliser les plateformes sociales pour engager les prospects et renforcer la visibilité de la marque.

EXEMPLE PRATIQUE D'UNE CAMPAGNE DE PROSPECTION COMMERCIALE : TECHSOLUTIONS

Objectif de la Campagne

Générer 150 nouveaux leads qualifiés pour les logiciels de gestion de TechSolutions en l'espace de trois mois.

Cible

- **Secteur d'activité** : PME dans les secteurs de la fabrication et du commerce de détail
- **Localisation** : France
- **Taille de l'entreprise** : 10 à 100 employés

Stratégies et Tactiques

Fondamentaux De La Prospection Commerciale

Comprendre Votre Marché et Vos Clients

Action : Effectuer une analyse de marché détaillée pour identifier les besoins spécifiques des PME dans les secteurs ciblés.

Outil : Google Market Finder, Enquêtes en ligne

Objectif : Comprendre les défis et les besoins de la clientèle cible.

Définir Vos Objectifs De Prospection

Action : Fixer des objectifs SMART (Spécifiques, Mesurables, Atteignables, Réalistes et Temporellement définis) pour la campagne.

Objectif : Générer 150 leads qualifiés en 3 mois.

Segmenter Votre Marché

Action : Diviser les prospects en segments spécifiques basés sur l'industrie, la taille de l'entreprise et la localisation.
Outil : CRM (HubSpot)
Objectif : Personnaliser les efforts de prospection pour chaque segment.

Techniques de Prospection Traditionnelles

Prospection Téléphonique
Action : Former l'équipe de vente aux meilleures pratiques de prospection téléphonique.
Outil : Logiciel de gestion des appels (RingCentral)
Objectif : Augmenter le taux de conversion des appels à 15%.

Prospection en Face-à-Face
Action : Organiser des réunions en face-à-face avec des prospects lors de salons professionnels et d'événements sectoriels.
Outil : Calendly pour la planification des réunions
Objectif : Convertir 10% des réunions en opportunités commerciales.

Prospection par Courrier Direct
Action : Envoyer des brochures personnalisées et des échantillons de produits aux prospects clés.
Outil : Services de courrier (FedEx)
Objectif : Obtenir un taux de réponse de 5%.

Techniques de Prospection Numériques

Utilisation des Réseaux Sociaux

Action : Lancer une campagne de publicité ciblée sur LinkedIn pour atteindre les décideurs des PME.
Outil : LinkedIn Ads
Objectif : Générer 50 leads qualifiés via LinkedIn.

Marketing par Email

Action : Créer une série d'emails automatisés pour engager les prospects et les guider à travers le cycle de vente. **Outil** : Mailchimp
Objectif : Atteindre un taux d'ouverture des emails de 30% et un taux de clic de 10%.

SEO et Contenu Web

Action : Optimiser le site web de TechSolutions pour le SEO et publier régulièrement des articles de blog sur les défis de gestion des PME.
Outil : Yoast SEO pour WordPress
Objectif : Augmenter le trafic organique de 20%.

Techniques de Prospection Avancées

Utilisation de l'IA

Action : Déployer un chatbot sur le site web pour répondre aux questions des visiteurs et qualifier les leads. **Outil** : Drift
Objectif : Capturer 30 leads supplémentaires via le chatbot.

Marketing de Contenu Avancé

Action : Organiser un webinaire intitulé "Optimisez la Gestion de Votre PME avec les Outils de TechSolutions". **Outil** : Zoom
Objectif : Attirer 100 participants et convertir 20% en leads qualifiés.

Social Selling

Action : Utiliser LinkedIn pour cibler les décideurs des PME, personnaliser les interactions et partager du contenu pertinent.
Outil : LinkedIn Sales Navigator

Objectif : Établir des relations avec 50 nouveaux prospects.

Gestion des Leads et Suivi

Qualifier et Prioriser les Leads
Action : Utiliser un système de scoring pour évaluer et prioriser les leads.
Outil : HubSpot CRM
Objectif : Identifier les 50 leads les plus prometteurs.

Suivi et Nurturing des Leads
Action : Mettre en place une série d'emails de nurturing pour maintenir l'engagement des prospects.
Outil : ActiveCampaign
Objectif : Convertir 25% des leads nurturés en opportunités commerciales.

Amélioration Continue

Analyser et Optimiser Vos Efforts de Prospection
Action : Analyser les résultats de la campagne et identifier les domaines d'amélioration.
Outil : Google Analytics, Tableau
Objectif : Améliorer continuellement les taux de conversion et l'efficacité de la prospection.

Adapter Votre Stratégie à l'Évolution du Marché

Action : Réviser régulièrement la stratégie de prospection en fonction des nouvelles tendances et des retours d'expérience.
Objectif : Assurer la pertinence et l'efficacité à long terme de la stratégie de prospection.

Conclusion

Cette campagne de prospection intègre une variété de techniques, des méthodes traditionnelles aux outils numériques avancés, pour maximiser les chances de succès. En appliquant les stratégies décrites dans chaque chapitre de l'ebook, TechSolutions peut atteindre ses objectifs de génération de leads et de conversion, tout en adaptant continuellement sa stratégie aux évolutions du marché.

EXEMPLE PRATIQUE D'UNE CAMPAGNE DE PROSPECTION COMMERCIALE : ECONET

Objectif de la Campagne

Générer 50 nouveaux leads qualifiés pour les services de nettoyage écologique d'EcoNet en l'espace de deux mois.

Cible

- **Secteur d'activité** : PME dans les secteurs de l'informatique, des services financiers et des start-ups
- **Localisation** : Région Île-de-France
- **Taille de l'entreprise** : 20 à 200 employés

Stratégies et Tactiques

1. Définir les Objectifs et la Cible

Action

- **Analyser le marché** pour identifier les entreprises qui recherchent des solutions de nettoyage écologique.
- **Segmenter les prospects** par taille d'entreprise et secteur d'activité.

Objectif

- Avoir une liste de 200 entreprises potentielles à contacter.

2. Créer du Contenu Attractif

Action

- **Rédiger un e-book** intitulé "Les Avantages du Nettoyage Écologique pour Votre Entreprise" et le proposer en téléchargement sur le site web.
- **Organiser un webinaire** sur les avantages du nettoyage écologique pour les bureaux.

Outil

- WordPress pour héberger l'e-book, Zoom pour le webinaire.

Objectif

- Attirer des prospects intéressés par le téléchargement de l'e-book et l'inscription au webinaire.

3. Utiliser le Marketing par Email

Action

- **Envoyer une série d'e-mails** personnalisés aux entreprises identifiées, avec un lien vers l'e-book et une invitation au webinaire.

Outil

- Mailchimp

Objectif

- Obtenir un taux d'ouverture de 20% et un taux de clic de 10%.

4. Mettre en Œuvre le Social Selling

Action

- **Utiliser LinkedIn** pour identifier et engager les décideurs des entreprises ciblées.
- **Partager du contenu pertinent** sur les avantages du nettoyage écologique.

Outil

- LinkedIn Sales Navigator

Objectif
- Établir des connexions avec 30 décideurs et engager des conversations personnalisées.

5. Organiser des Appels de Suivi

Action
- **Former l'équipe de vente** à la prospection téléphonique.
- **Appeler les prospects** qui ont téléchargé l'e-book ou participé au webinaire pour discuter de leurs besoins spécifiques.

Outil
- HubSpot CRM pour suivre les appels et les interactions.

Objectif
- Programmer des réunions de présentation avec 20 prospects qualifiés.

Calendrier de la Campagne

Mois 1
- **Semaine 1** : Créer et publier l'e-book sur le site web.
- **Semaine 2** : Planifier et promouvoir le webinaire.
- **Semaine 3** : Envoyer la première série d'e-mails promotionnels.
- **Semaine 4** : Engager des prospects sur LinkedIn et partager du contenu.

Mois 2
- **Semaine 1** : Organiser le webinaire et envoyer des e-mails de suivi.
- **Semaine 2** : Effectuer des appels de suivi aux prospects ayant montré de l'intérêt.
- **Semaine 3** : Planifier des réunions de présentation avec les leads qualifiés.
- **Semaine 4** : Analyser les résultats et ajuster la stratégie

si nécessaire.

Mesures de Suivi et Évaluation

- **Nombre de téléchargements de l'e-book** : Objectif de 50 téléchargements
- **Nombre de participants au webinaire** : Objectif de 30 participants
- **Taux d'ouverture des e-mails** : Objectif de 20%
- **Nombre de connexions LinkedIn établies** : Objectif de 30 connexions
- **Nombre de réunions de présentation programmées** : Objectif de 20 réunions

Conclusion

Cette campagne de prospection simple et efficace combine le marketing de contenu, le marketing par e-mail, le social selling et les appels de suivi pour générer des leads qualifiés et les convertir en clients potentiels. En suivant ce plan, EcoNet peut atteindre ses objectifs de génération de leads tout en offrant des solutions de nettoyage écologique aux entreprises de la région Île-de-France.

DERNIER CONSEIL :

Pour une prospection efficace, il est essentiel de suivre une série de conseils généraux qui maximisent vos chances de succès. Voici quelques recommandations clés :

1. Connaître Votre Marché et Vos Clients

- **Recherche Approfondie** : Comprenez les besoins, les problèmes et les comportements de vos clients potentiels. Analysez le marché pour identifier les tendances et les opportunités.
- **Segmentation** : Divisez votre marché en segments spécifiques pour personnaliser vos messages et vos offres.

2. Fixer des Objectifs Clairs et Mesurables

- **Objectifs SMART** : Définissez des objectifs spécifiques, mesurables, atteignables, réalistes et temporellement définis.
- **KPIs** : Identifiez les indicateurs clés de performance pour suivre l'efficacité de vos actions.

3. Utiliser des Outils de CRM

- **Gestion des Relations Clients** : Utilisez un logiciel de

CRM pour suivre les interactions avec vos prospects, gérer les données et automatiser les tâches répétitives.
- **Personnalisation** : Profitez des fonctionnalités de votre CRM pour personnaliser vos communications et offres.

4. Diversifier les Techniques de Prospection

- **Prospection Téléphonique** : Engagez des conversations directes avec vos prospects pour identifier leurs besoins et proposer des solutions adaptées.
- **Marketing de Contenu** : Créez des contenus de qualité (articles, e-books, webinaires) pour attirer et engager vos prospects.
- **Réseaux Sociaux** : Utilisez LinkedIn, Twitter et d'autres plateformes pour établir des relations et partager du contenu pertinent.
- **Emailing** : Envoyez des campagnes d'e-mails personnalisées et automatisées pour maintenir l'intérêt et le nurturing des prospects.

5. Maîtriser les Techniques de Vente

- **Scripts de Vente** : Préparez des scripts de vente bien structurés pour guider vos appels téléphoniques et vos réunions.
- **Techniques de Négociation** : Apprenez et appliquez des techniques de négociation pour conclure des ventes efficacement.
- **Suivi** : Faites un suivi régulier des prospects et des cli-

ents pour maintenir la relation et identifier de nouvelles opportunités.

6. Utiliser l'Intelligence Artificielle et l'Automatisation

- **Chatbots** : Déployez des chatbots pour répondre aux questions des visiteurs de votre site web et capturer des leads.
- **Automatisation du Marketing** : Utilisez des outils d'automatisation pour gérer les campagnes d'e-mails, segmenter les prospects et suivre les interactions.

7. Analyser et Optimiser Continuellement

- **Analyse de Données** : Utilisez les analyses de données pour évaluer l'efficacité de vos actions de prospection et identifier les domaines d'amélioration.
- **Optimisation** : Ajustez vos stratégies et tactiques en fonction des résultats obtenus et des feedbacks des prospects.

8. Former et Motiver Votre Équipe

- **Formation Continue** : Offrez des formations régulières à votre équipe de vente pour améliorer leurs compétences et techniques de prospection.
- **Motivation** : Maintenez un environnement de travail motivant avec des incitations et des reconnaissances pour les performances.

9. Adapter Votre Stratégie à l'Évolution du Marché

- **Veille Concurrentielle** : Surveillez les actions de vos concurrents et les tendances du marché pour adapter votre stratégie.
- **Flexibilité** : Soyez prêt à ajuster votre approche en fonction des évolutions et des retours d'expérience.

En suivant ces conseils, vous pouvez structurer une approche de prospection efficace qui maximise vos chances de générer des leads qualifiés et de conclure des ventes.

CONCLUSION GÉNÉRALE

Dans cet ebook, nous avons exploré les principaux aspects de la prospection commerciale moderne, en mettant l'accent sur les stratégies et les meilleures pratiques pour attirer, convertir et fidéliser les clients. De la prospection traditionnelle aux techniques de marketing digital en passant par la gestion des retours clients, nous avons couvert un large éventail de sujets pour vous aider à réussir dans votre activité commerciale.

Importance de la Prospection Commerciale

La prospection commerciale est le pilier de toute entreprise prospère. Que vous soyez une start-up en phase de croissance ou une entreprise établie cherchant à étendre votre portée, la prospection efficace est essentielle pour stimuler la croissance et maintenir une base de clients solide.

Évolution des Techniques de Prospection

Avec l'évolution rapide de la technologie et des comportements des consommateurs, les techniques de prospection ont également évolué. Des méthodes traditionnelles telles que le porte-à-porte et les appels téléphoniques aux stratégies plus récentes telles que le marketing par e-mail et les médias sociaux, les entreprises doivent s'adapter et adopter des approches multiples pour rester compétitives.

Clés du Succès

Le succès de la prospection commerciale réside dans une combinaison de stratégies efficaces, de créativité et d'adaptabilité. En comprenant votre public cible, en utilisant les bons canaux de communication et en offrant une valeur ajoutée, vous pouvez attirer l'attention des prospects et les convertir en clients fidèles.

Engagement Continu

La prospection commerciale ne se limite pas à la conversion des prospects en clients. C'est un processus continu qui implique également de maintenir l'engagement des clients existants, de répondre à leurs besoins et de les fidéliser à long terme.

Opportunités Futures

Alors que nous avançons dans un monde de plus en plus numérique, de nouvelles opportunités de prospection commerciale émergent constamment. En restant à l'affût des tendances émergentes et en adaptant vos stratégies en conséquence, vous pouvez continuer à tirer parti des nouvelles opportunités pour développer votre entreprise.

En conclusion, la prospection commerciale est un élément essentiel de toute entreprise prospère. En utilisant les stratégies et les meilleures pratiques présentées dans cet ebook, vous pouvez renforcer votre activité commerciale, attirer plus de clients et stimuler la croissance de votre entreprise à long terme.

REMERCIEMENTS

Je tiens à exprimer ma profonde gratitude à tous ceux qui ont contribué à la réalisation de cet ebook sur la prospection commerciale. Votre soutien, vos conseils et votre encouragement ont été essentiels pour mener à bien ce projet.

Aux Experts Du Secteur

Un grand merci aux professionnels de la prospection commerciale et aux experts du marketing qui ont partagé leurs précieuses connaissances et leurs expériences. Vos insights ont enrichi le contenu de cet ebook et ont permis de fournir des stratégies et des techniques de pointe.

À Ma Famille Et Mes Amis

Je remercie ma famille et mes amis pour leur soutien inconditionnel tout au long de ce projet. Votre patience, votre compréhension et vos encouragements ont été une source constante de motivation.

Aux Lecteurs

Je tiens à remercier chacun d'entre vous, lecteurs, pour avoir pris le temps de lire cet ebook. J'espère que les informations et les conseils partagés vous aideront à améliorer vos efforts de prospection commerciale et à atteindre vos objectifs professionnels.

Remerciements Spéciaux

Je souhaite adresser des remerciements spéciaux à ceux qui, par leurs critiques constructives et leurs suggestions, ont contribué à perfectionner cet ouvrage. Votre honnêteté et votre vision critique ont été inestimables.

Ensemble, nous avons créé un outil qui, je l'espère, apportera de la valeur à tous ceux qui cherchent à exceller dans l'art de la prospection commerciale. Merci encore pour votre confiance et votre soutien.

Ps: vos retours et vos suggestions sont toujours les bienvenus pour continuer à améliorer et enrichir ce contenu. N'hésitez pas à partager vos expériences et à poser vos questions. Votre succès est notre plus grande récompense.

Le lien vers la liste de mes ebooks en ligne sur Amazon :

https://www.amazon.fr/s?i=digital-text&rh=p_27%3ASabrina+Du+Perray&s=relevancerank&text=Sabrina+Du+Perray&ref=dp_byline_sr_ebooks_1

Merci de partager votre avis !

Avec toute ma gratitude,

Sabrina DU PERRAY

BOOKS BY THIS AUTHOR

Guérir De La Dépression: Un Guide Complet Pour Retrouver La Joie De Vivre

Plongez dans ce guide approfondi qui vous offre des solutions pratiques et éprouvées pour surmonter la dépression et retrouver votre éclat intérieur. Avec une approche holistique de la santé mentale, ce livre explore les causes sous-jacentes de la dépression, les différents types de traitement, et offre des conseils précieux pour adopter un mode de vie sain et équilibré

Conserver Comme Nos Grands-Parents : Techniques Traditionnelles De Conservation Des Aliments

Plongez dans l'Art de la Conservation Traditionnelle des Aliments Dans "Conserver comme Nos Grands-Parents", plongez dans l'univers fascinant des techniques traditionnelles de conservation des aliments qui ont nourri nos ancêtres pendant des générations. Des méthodes éprouvées de mise en conserve aux secrets de la fermentation, ce livre vous emmène dans un voyage à travers les saveurs et les savoirs perdus de notre patrimoine culinaire.

Maximisez Votre Journée : Guide Pour Une Routine Quotidienne Efficace

Vous sentez-vous souvent débordé, stressé ou épuisé à la fin de la journée ? Avez-vous du mal à rester concentré et à atteindre vos objectifs personnels et professionnels ? Découvrez comment une routine quotidienne bien structurée peut transformer votre vie !

Dans "Maximisez votre journée", je vous guide à travers les étapes essentielles pour établir une routine quotidienne qui boostera votre efficacité et votre bien-être

Mener Un Combat De Vie : Guide Pratique Pour Surmonter Les Épreuves Et Atteindre Le Succès

Dans ce guide inspirant et pratique, plongez au cœur du combat de vie avec détermination, résilience et succès. À travers ses pages, vous découvrirez des stratégies éprouvées pour naviguer avec confiance à travers les défis de la vie, transformer les obstacles en opportunités, et atteindre vos objectifs les plus chers. Des conseils simples mais puissants vous guideront dans l'acceptation des défis, le développement de la résilience mentale, la fixation d'objectifs clairs, et la célébration des succès.

www.ingramcontent.com/pod-product-compliance
Lightning Source LLC
Chambersburg PA
CBHW052329220526
45472CB00001B/336